アートで楽しむ サウナぎつねの フィンランド巡り

Sauna kettuSuomen kiertue

ピヴェ・トイヴォネン
Pive Toivonen

アルソス

バルト海を望む

はじめに

私はサウナに入るのが大好きだ。

サウナの香りを嗅ぎながら服を脱ぎ、サウナ室のドアを開ける。そして、ベンチの上段に上がり、その上に仰向けになる。壁に足をかけると、サウナの上のほうにたまった熱々の蒸気が、足にかかってポカポカし、リラックスできる。

フィンランドには、大体どこの家にもサウナがある。そのほか、ビーチにも、コテージにも、プールにも、そして公衆サウナもたくさんある。サウナ好きの私は、今までに行ったフィンランドにあるサウナのリストを作ってみたことがある。全部でたしか400ぐらいあったと思う。

数年前、私は、これから訪れるサウナの絵を描いてみようかと、ふと考えた。オレンジ色のサウナぎつねは、私自身である。絵の中に描かれているクマやウサギ、カワウソも、姿は動物だけど全部実在する人々である。シャンプーボトル、洗面器、タオル、鍋やフライパンなど、絵に細かく描かれた小物も、実際にそこにあったものである。描ききれなかった物もあるけれど、そこになかったものを付け加えることはしていない。

この本には、フィンランド南部のスモークサウナ、ヘルシンキやタンペレの公衆サウナ、アーキペラゴ（群島）や海岸沿いにあるコテージのサウナなど、フィンランドに実在するいろんなサウナが登場する。フィンランドは広いので他にもまだまだサウナはあるが、ここでは、私が住んでいる場所の近くや、旅の途中で立ち寄ったサウナを選んでいる。季節もいろいろあるし、サウナのどの部分を描くかも、そのときによって違う。

電気サウナ

薪サウナ

ペレット式サウナ

ガスまたは
石油焚きサウナ

スモークサウナ

プライベートサウナ

レンタルサウナ

公衆サウナ

水泳施設があるサウナ

サウナの種類

サウナにはいろいろな種類があり、心臓部であるサウナストーブの温め方や利用形態などによって、以下のように分類することができる。

電気サウナ
薪サウナ
ペレット式サウナ
ガスまたは石油焚きサウナ
スモークサウナ
プライベートサウナ
レンタルサウナ
公衆サウナ
水泳も楽しめるサウナ
※この本では、掲載しているサウナの種類を左ページのアイコンで示している。

フィンランドの家庭やプールでは電気サウナが一般的。温め方は簡単で、サウナストーブのボタンを押してサウナが温まるのを待つだけ。電気サウナは乾燥していると思われがちだけど、ストーブの中に適度な量の石が入っていると、電気サウナでも本当に良いロウリュが出てくる。

薪で焚くサウナは、特にサマーコテージや庭、ビーチでよく見かける。サウナストーブの中でパチパチと生火が鳴って、炎の光がやさしい雰囲気を醸し出すサウナも良いもの。火が消えないようにストーブに薪を入れるのを忘れずに。

公衆サウナの中には、ペレットやガスでサウナストーブを温めるところもある。ペレットは、公衆サウナにある大型のストーブに最適。大型のストーブはサウナに最適な質の良い安定した火を作ってくれる。

スモークサウナはサウナの種類の中で最も古く、最もエキゾチックなサウナ。石造りのストーブの下で火を焚くので、煙がサウナの中に入る。だから、スモークサウナの壁は真っ黒で、サウナは煤の臭いがする。火を消して、煙と一酸化炭素をサウナの外に出してから入る。

サウナの楽しみ方

サウナに行くには大きなタオル（バスタ
オル）が必要。小さなタオルを持っていっ
ても良い。

小さなタオルは、サウナベンチに敷いて、
その上に座るためのもの。
これはペフレットと呼ばれる。

フィンランドでは、サウナに裸で入ることが
多い。時にはタオルをベンチに敷いて横に
なってくつろぐこともある。

男女混浴のサウナに入るときやサウナの後に湖で泳ぐときは、水着を着用するのがエチケット。

ロウリュをするときは、サウナストーブに積まれた石に水をかける。するとストーブから出る熱い蒸気がサウナ内に広がる。
石にかける水は、一度に柄杓に2杯が適量。

ストーブに積まれた石が乾いてきたら、水をかけてあげると良い。ストーブに積まれた石に水をかけるときは、サウナにいる他の人たちに「水をかけてもいいですか」と聞くのがエチケット。

サウナの中にある上段のベンチが熱けれ
ば、下のベンチに移って座ればいい。ど
こに座らなければいけないというルール
はない。

サウナで十分身体が熱くなったと思った
ら、外に出て涼んでもいい。長い時間サ
ウナに入る人もいれば、すぐに出てしま
う人もいる。自分の好きに過ごせばいい。
これも決まったルールはない。

サウナでは、友だちとおしゃべりを楽し
んだり、時にはとても大切な話をしたり
して過ごす。あるいは、静かにウトウト
しながら過ごすことも……。

フィンランドでは、サウナの熱さから
頭を守るために、ウールのサウナハッ
トをかぶる人も多い。

寒さを防ぐため、冬にサウナの屋外に
出るときは、スイミングブーツと手袋
をする人もいる。

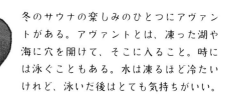

冬のサウナの楽しみのひとつにアヴァン
トがある。アヴァントとは、凍った湖や
海に穴を開けて、そこに入ること。時に
は泳ぐこともある。水は凍るほど冷たい
けれど、泳いだ後はとても気持ちがいい。

夏には、新鮮な白樺の枝でヴィヒタを
作ったりする。
白樺はサウナの中にある桶のお湯に浸す
と良い香りがする。

ロウリュをサウナストーンにかけて、ヴィ
ヒタで身体をたたく。ヴィヒタから出る
温かい水しぶきで身体がほぐれ、リラッ
クスできる。

白樺を浸した桶のお湯をサウナストーン
にかけると良い匂いがする。
時にはロウリュ用の桶にビールを少し入
れてもいい。このビール入りのお湯をロ
ウリュでサウナストーンにかけると、ほ
んのリパンの香りがする。

サウナの後は、
よく身体を洗うこと。

普通、コテージサウナにはシャワーがないの
で、サウナストーブについている釜でお湯を
沸かす。釜のお湯は熱いので注意。洗い場で、
そのお湯と冷たい水を混ぜて適温にして身体
を洗う。

服を着る前に、ちょっと身体を冷ますのも
いい。私はいつもサウナの後に何か飲みた
い気分になる。いつも飲むのは少しアル
コール度数が低いマイルドなビール。でも、
子どもの頃好きだったのはオレンジソー
ダ。

Suomi

Tampere

Turku

Helsinki

ヘルシンキの春

　ヘルシンキの春は、まだ肌寒い。

　冬に滑り止め用に撒かれた砂利が、乾いた風に巻き上げられ
埃っぽい。こういう季節には毎日サウナに行きたくなる。その
時期には、白樺の木に「ネズミの耳」と呼ばれる新芽が生えて
くる。やがて太陽が暖かくなって、白い花が咲く。すると、人々
は、春に乾杯して、サウナでロウリュを浴びるために出かけた
り、太陽の光を求めて海岸沿いに行くようになる。

　私が住んでいるヘルシンキには、公衆サウナや数時間借りら
れるレンタルサウナもたくさんある。

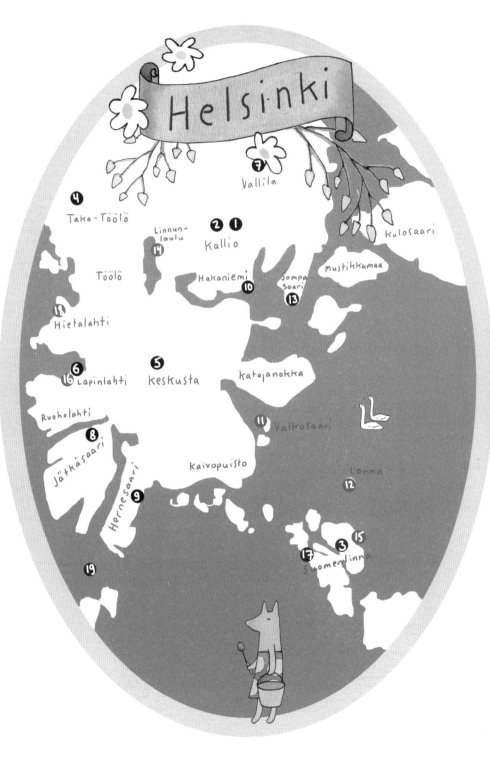

1. コティハルユン・サウナ、カッリオ
   Kotiharjun Sauna, Kallio

ヘルシンキの街は変わったけれど、約100年続くコティハルユン・サウナは昔のままだ。脱衣所のキャビネットの扉は古くて開けにくい。サウナの壁は少し黒ずんでいて、この雰囲気がたまらない。サウナストーブには、幅1メートルほどの大きな扉がついていて、その扉の奥に積まれた薪で部屋全体が温められる。

世の中には問題がたくさんあるけれど、サウナの中では平和な時間が流れている。

2. サウナ・アルラ、カッリオ
   Sauna Arla, Kallio

サウナ・アルラはコティハルユン・サウナの近くにある。大昔に建てられたとても古い建物にあるので、まるで美術館の中でサウナに入るような感覚になる。サウナストーブから出た煤、湿気で錆びた屋根など、歴史が刻まれた「本物」なので、ここにいるだけで心が落ち着く。

仕事終わりにサウナに入るにはとても良い場所だ。

3. ホルヴィカーリサウナ、スオメンリンナ
   Holvikaarisauna, Suomenlinna

フィンランドでは、数多くの一戸建ての家にサウナがある。
集合住宅には共有サウナが多いので、住人は一人ひとり、または家族ごとに予約してサウ
ナに入ることが多い。

このサウナは、そのような古い集合住宅の地下にある共有サウナ。
住まいに近いので、疲れていても、いつでもすぐにサウナに行ける。サウナでは、温かい
空気に足を包ませてリラックスするために、仰向けにベンチに寝転がり足を壁に掛ける。

4. トーロン・ウイマハッリ、タカ・トーロ
   Töölön uimahalli, Taka-Töölö
   ※「Töölön uimahalli」は「トーロのスイミングプール」の意味

トーロン・ウイマハッリには2つのサウナがある。
これは、そのうちのひとつのスチームサウナ。

蒸気による薄暗さの中で穏やかな安らぎを感じることができる。

5. ウルヨンカドゥン・ウイマハッリ、ヘルシンキ中心部
   Yrjönkadun uimahalli , Helsingin Keskusta
   ※「Yrjönkadun uimahalli」は「ウルヨン通りのスイミングプール」
   「Helsingin Keskusta」は「ヘルシンキ市中心部」の意味

ウルヨンカドゥン・ウイマハッリに来るといつも、歴史を感じる本格的なスパの雰囲気に
感動する。

サウナとスパでリラックスするのが好きな人は、2階にある特別席に行ってみてほしい。
休むための小さなベッドと、ウェイターにサーモンスープや大きなパイントグラスのオレ
ンジソーダを注文できるテーブルがある。

ウルヨンカドゥン・ウイマハッリの2階には大きな薪サウナがある。サウナストーブのハッチはいつも開いていて、漆黒の闇のような中に黒いサウナストーンが見える。

今日も、サウナは孤独な人たちばかりだ。言葉を交わすのは、ロウリュの加減が良いかどうかたずねるときのみ。あとは静かに座ってサウナを楽しむ。

6. ラハテーン・サウナ、ラピンラハティ
   Lähteen sauna, Lapinlahti

ラピンラハティにある旧精神科病院のサウナは、病院と入り江の間にある四角い灰色の石
造りの建物。私は、この建物の古い家具と大きな窓から光が差し込む更衣室が好きだ。多
くの人がここのサウナを利用している。国民的作家のアレクシス・キヴィ[注]もこのサウナ
を訪れたかもしれない。

（注）
アレクシス・キヴィは、誕生日である 10 月 10 日が「フィンランド文学の日」と定められているほど
の国民的作家。特に「七人の兄弟」（1870）は有名で、ヘルシンキの国立劇場の前に銅像もある。

7. サウナ・ヘルマンニ, ヴァッリラ
　 Sauna Hermanni, Vallila

サウナ・ヘルマンニでは、サウナに入るのがとても好きな犬「ミロ」がサウナに一緒に入ってくれる。彼はドワーフ・ピンシャーだ。サウナが好きな彼を私も好きだ。
サウナ後の脱衣所では、ニシンの酢漬けのオープンサンドと、サウナ上がりのビールを注文できる。

ミロは、そろそろ男性脱衣所のほうに戻ろうとしている。

8. ウーシ・サウナ、ヤトゥカサーリ
   Uusi Sauna, Jätkäsaari
   ※「Uusi Sauna」は「New Sauna（新しいサウナ）」の意味

ヘルシンキには新しい公衆サウナもたくさんある。
ウーシ・サウナは、サウナとレストランが同じ場所にある私のお気に入りのサウナのひと
つ。さっきまで薄暗いサウナにいたのに、今は庭の春の光の中でビールを飲んでいる。

サウナストーブの上部に付いたハッチを開けて水を注ぐ。するとシューッとロウリュの音
がする。長い時間同じ場所にロウリュの水を注ぎ続けると、水はサウナストーブのより深
くまで落ちて、底のほうで最も熱せられた石と出会い、最高のロウリュを発する。

9. ロウリュ、ヘルネサーリ
Löyly, Hernesaari
※「Löyly」は「ロウリュ」のフィンランド語

ロウリュのスモークサウナは、黒い煙が薄く立ち込める。熱い蒸気で背中を押され、思わずしゃがみ込んでしまう。私が子どもの頃よく入ったサウナの壁には、「サウナストーブの黒いオルガンが鳴れば、日常の悲しみは忘れられる」という言葉が書かれていた。

このサウナに入っていると日常の喧騒が遠のいていく。

10. クルットゥーリサウナ、ハカニエミ
Kulttuurisauna, Hakaniemi
※「Kulttuurisauna」は「文化サウナ」の意味

クルットゥーリサウナは、平和的でとても神聖な場所。シンプルで美しい建物がリラックスへと誘ってくれる。春には、きらきらした海の波が見える。

11. ヴァルコサーレン・サウナ、ヴァルコサーリ
Valkosaaren sauna, Valkosaari
※「Valkosaaren」「Valkosaari」は「White Island（白い島）」の意味

ヘルシンキ中心部のすぐ近くには小さな島々があり、その多くにサウナがある。
ヴァルコサーレン・サウナの窓からは、対岸のマーケットホールやカタヤノッカに到着す
る船を眺めることができる。

12. ロンナ、ロンナ島
Lonna, Lonnan saari
※「Lonnan saari」は「ロンナ島」の意味

ああ、なんて良いサウナなんだろう！
サウナの窓からは、ヴァシッカ島に昇るピンク色の満月が見える。
ロンナ島へはフェリーで行って、サウナに入り、心地よい疲れと綺麗になった身体で幸せ
な気分のまま、またフェリーで帰る。

13. ソンパサウナ、ソンパサーリ
    Sompasauna, Sompasaari

ソンパサウナは、あらゆる人がいつでも無料で利用できるサウナだ。
鍵がかけられることもない。
このサウナは、建設現場の廃材を使って海辺の砂利の上に当初許可なく建てられた。
ここでは利用者が、自らストーブを温めサウナベンチを洗う。そして、男女関係なくみんな一緒に入る。（裸でサウナに入る人も多いから）水着を着てもよいか聞いてみたら「毛皮を着ておいで！」と冗談っぽく言われた。

14. ヴィッラ・キヴィ、リンヌンラウル
   Villa Kivi, Linnunlaulu

ヘルシンキには、時間貸しのレンタルサウナがたくさんある。
そんなレンタルサウナ、ヴィッラ・キヴィに、いつもの友だちとまた来た。
外は暖かい春の雨が降っている。脱衣所にはスナックや飲み物が用意され、サウナベンチ
では親しげなやりとりが交わされている。

15. サウナラウッタ、スオメンリンナ
Saunalautta, Suomenlinna
※「Saunalautta」は「サウナボート」の意味

ある月曜日の午後、友人と私はスオメンリンナでサウナボートを借りた。
月曜日はいつも仕事の日だ。サウナボートを借りる計画は少し面倒に思えた。だけど、借りてみたら、結構良いものだった。
太陽は温まったサウナの壁を照らし、私たちは軽食を取り出した。
サウナに入っている間、仕事には静かに待っていてもらう。

16. テルッタサウナ、ラピンラハティ
   Telttasauna, Lapinlahti
   ※「Telttasauna」は「テントサウナ」の意味

スオメンリンナやラピンラハティにテントサウナが建てられて、ときどき無料でサウナに
入れることがある。サウナが長持ちするように、サウナを温める人が丁寧に火を入れる。
厚い毛布でできた壁がサウナに入る人を守ってくれている。

17. サンマッコサウナ、スオメンリンナ
Sammakkosauna, Suomenlinna
※「Sammakko」は「カエル」の意味

サンマッコサウナは、珍しいサウナ。スオメンリンナにある住宅の裏庭にある。
このサウナはとても小さく、ドアから屈んで入るのがやっとなので、「カエルサウナ」と
呼ばれ、こっそり建てられたとも言われている。見た目に反して、小さなストーブのロウ
リュは格別。

18. モビーリサウナ、ヒエタニエミ
   Mobiilisaunat, Hietaniemi
   ※「Mobiilisaunat」は「トレーラーサウナ（移動式サウナ）」の意味

サウナの下に車輪があると本当に便利。車の後ろにサウナをつければ、ビーチまで引っぱって行ける。海辺でサウナを使うときは、絶対に海水をストーブにかけてはいけない。塩分で錆びてしまうから。トレーラーサウナの床の下には、薪と缶に入った水がある。必ずそれを使うこと。

夏が始まったばかりのヒエタニエミのビーチには、トレーラーサウナがいくつもやって来る。着替えを芝生の上に放り投げて、海で泳いだら、トレーラーサウナの時間だ。

19. ノルッパ・ヴェネ
　 Norppa-vene, Helsinki
※「Norppa-vene」はフィンランドによくある木材を多く使った小型のモーター付きボート（vene）の意味

ヘルシンキからタリンまで、海を横断する木製のモーターボートを想像してほしい。船の屋根には丸い金属でできた煙突があって、そこから微かな煙が立ち上がっている。そう、船の客室がサウナになっているのだ。6時間の船旅だが、そのうち5時間はサウナに入っている。
私たちは、数分おきに、サウナのドアを開き、他の船とぶつからないか確認する……。

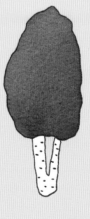

アーキペラゴ（群島）の夏

　夏が来ると、フィンランド人は湖畔やアーキペラゴ（群島）にバカンスに出かける。この時期、サウナにはほぼ毎晩火が入り、多くの人が夏のサウナを楽しむ。

　サウナに入った後は、ソーセージやトウモロコシを焼きながら、外のベンチに座り、太陽が空を赤く染めるのを眺める。

　私は、サマーコテージを持っていないので、夏は自分のヨットで島から島へ、つまりサウナからサウナへの航海を楽しんでいる。ヨットやボートが停泊するマリーナには、たいてい良いサウナがある。そして、友人たちが持っているサウナを訪ねることも、夏の楽しみのひとつ。

20. ポフヨイスサウナ、ブレンシャール
　　Pohjoissauna, Brännskär
　　※「Pohjoissauna」は「北部のサウナ」の意味

アーキペラゴ（群島）に戻ってこれて嬉しい。
滑らかな崖の上に寝そべったり、海を眺めながら風に吹かれて、長い時間立っているのが
好きだ。
そして、海風に当たって冷えた身体を温めるために、サウナに向かう。
夫はもうサウナに入っている。この絵の中のカワウソみたいなのが私の夫だ。

21. ヴィエラスサタマン・サウナ、ステンシャール
　　Vierassataman sauna, Stenskär
　　※「Vierassataman sauna」は「マリーナ（港）のサウナ」の意味

どしゃぶりの雨が降っている。
ステンシャールのマリーナ・サウナから岩場に続く小道を行くと、そこに海に下りる梯子
がある。サウナで温まった身体には、雨はまるで爽やかなシャワーのようだ。
水面でしずくが跳ねている。

22. メレンカヴィヨイデン・サウナ、ステンシャール
  Merenkävijöiden sauna, Stenskär
  ※「Merenkävijöiden sauna」は「船員用のサウナ」の意味

ステンシャールには、もうひとつ別のサウナがある。友人たちと一緒に入ることが多い。
まず、サウナストーブの中の、火がつきやすい鳥の巣のような小枝や木片に小さな火をつ
けてから、そこに入るだけの薪を入れる。火力を見ながら薪を追加して、サウナストーブ
が熱くなったら、準備完了。

23. ルンパンレン・サウナ、ホグソラ
Rumpan ren, Högsåra

ルンパンレンは、手彫りの板で造られた素敵なサウナ。
サウナストーブは大きくて熱く、最初は柄杓一杯の水で十分だ。
海と島の話とサウナ談義に花が咲く。

24. ヴィエラスサタマン・サウナ、トゥルンセ
    Vierassataman sauna, Trunsö
    ※「Vierassataman sauna」は「マリーナ（港）のサウナ」の意味

トゥルンセでは、夕暮れ時にサウナに入った。
換気口から金色の光が差し込む。
白夜の夜は短い。
だから夜遅くても陽の光の中でサウナに入ることができる。

25. モッキサウナ、ヘーレ
Mökkisauna, Härö
※「Mökkisauna」は「コテージサウナ」の意味

夏の初めには、ユハンヌス（夏至）を祝う。
夜でも太陽が輝く夏至の伝統として、野生の花で花かんむりを、白樺の枝葉でヴィヒタを
作り「ユハンヌスサウナ」に入る。
そして、私は裸のままサウナから出て花の中を散歩する。
真夏の夜、植物には不思議な癒しの力があると信じられている。

26. メリヴァルティオストン・サウナ、エンシャール
Merivartioston sauna, Enskär
※「Merivartioston sauna」は「沿岸警備隊用のサウナ」の意味

夕陽が、すべてをピンクに染める。
エンシャールにある沿岸警備隊用のサウナは、フィンランド最西端のサウナのひとつ。
そのまま海を渡れば、スウェーデンに行ける。
スウェーデンにもサウナはあるけれど、フィンランドほど多くはない。

27. ヴィエラスサタマン・サウナ、レードハムン
　　Vierassataman sauna, Rödhamn
　　※「Vierassataman sauna」は「マリーナ（港）のサウナ」の意味

レードハムンのマリーナ・サウナからは、きらめく海とピンク色の岩場が見える。
サウナから出たら、海で泳いで身体を洗う。そして、戻ってサウナストーブに薪をくべ、
次の人のために十分な熱を残しておく。
もし、最後の一人になったら、サウナ・トントゥ（サウナの妖精）のために薪を2、3本
追加しておくのを忘れずに。

28. ヴィエラスサタマン・サウナ、カステルホルマ
   Vierassataman sauna, Kastelholma
   ※「Vierassataman sauna」は「マリーナ (港) のサウナ」の意味

カステルホルマの港には、男性用と女性用の2つのサウナがあって、いつでもサウナ
に入れるように温められている。サウナは熱く、日当たりの良い壁も温かい。
幸い、サウナの後は海で涼むことができる。

29. モッキサウナ、ハナシャール、ホウトスカリ
Mökkisauna, Hanaskär, Houtskari
※「Mökkisauna」は「コテージサウナ」の意味

ある島にある友人のコテージでは、みんな一緒にサウナに入り話をする。
男の子たちはバケツの水で髪を洗い、冷たい水に笑いながら、はしゃいだ声をあげる。

30. ヴィエラスサタマン・サウナ、ノートー
Vierassataman sauna, Nötö
※「Vierassataman sauna」は「マリーナ（港）のサウナ」の意味

ノートー島の松林の真ん中にあるコテージのサウナは、1時間ごとにシフトが割り振られている。サウナの時間が来たら、サウナに入って、泳いで、身体を洗う。
サウナの後は、すぐに服を着ない。しばらく裸で座って熱が冷めるのを待つ。
そうしているうちに次のお客さんがやって来る。

31. ピハサウナ、サウヴォ
Pihasauna, Sauvo
※「Pihasauna」は「庭のサウナ」の意味

サウナはいろいろな場所に作られている。
我が家のサウナは大きな庭の建物の中にある。庭に面した大きな納戸を開け、サウナに腰を下ろす。
ここで飲むアルコール度数の低いサウナ・ビールは、冷たくてモルトの味がとってもおいしい。

32. メレンランタサウナ、パイミオ
Merenrantasauna, Paimio
※「Merenrantasauna」は「海岸のサウナ」の意味

パイミオの、限りなく海辺に近いところに、赤色に塗られた、美しく古い建物のサウナが
ある。これこそが、私がセーリングボートから眺めて憧れている古いサウナ。
今のフィンランドでは、海岸のこんな近くにサウナを造る建築許可は下りないから大切に
したいものだ。

三世代にわたる女性たちがこの海辺のサウナに入っている。彼女たちはここを世界一の場所だと思っている。
サウナの黒々とした丸太の壁は、常にこの家族の歴史と共にあった。
多くのフィンランド人が、自分のお気に入りのサウナと親密な関係を築いている。

サウナは、本当の自分でいられる場所。
それは、世の中がどんなに変化しようとも、変わらないもの。

33. モッキサウナ、カルナ
Mökkisauna, Karuna
※「Mökkisauna」は「コテージサウナ」の意味

友人とサウナ・ビールを一緒に飲む。
洗い桶の中に、友人の分も適温のお湯を張り、同じシャンプーを使い、タオルを借りる。
そしてサウナでは内緒話をする。
毎年夏になると、この友人別荘に遊びに来るのが楽しみだ。

34. ピハサウナ、サウヴォ
Pihasauna, Sauvo
※「Pihasauna」は「庭のサウナ」の意味

もう一人、毎年夏にサウナに一緒に行く友人がいる。この友人は小さな家を持っていて、家の庭には小さなサウナがある。
サウナの後、私たちはおいしい食事をともにしながら、いろんな話をして、日が沈むのを眺める。

35. エラムス アンミ, サウヴォ
    Elämys Ämmi, Sauvo

窓のないスモークサウナの中は、夏でも真っ暗。
スモークサウナは、一日がかりで温められ、そのストーブは朝まで温かい。
夜にここに戻りストーブのハッチを開け、水をかけると、石がまだシューッと音を立てる
のを見ることができる。

36. ナヴィガーティオセウラン・サウナ、ヘイサラ
   Navigaatioseuran sauna, Heisala
   ※「Navigaatioseuran sauna」は「航海クラブ（会員）のサウナ」の意味

サウナの後の静かなひと時。
暖かい夏の夜。
薄明かりの中、海辺の灯りがともる。

37. ヴィエラスサタマン・サウナ、サンドヴィーク、ショーカル
    Vierassataman sauna, Sandvik, Kökar
    ※「Vierassataman sauna」は「マリーナ（港）のサウナ」の意味

白夜が終わる 8 月になると、夜はもう暗くなる。
サウナから海に入ると、驚くほど海水が温かくて気持ち良い。
この時期、海にはクラゲが多くいる。
でもフィンランドのクラゲは刺さないから、一緒に泳ぐことができる。

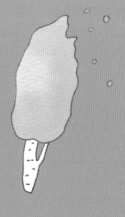

秋のサウナ旅行

　秋になると人々は街に戻ってくる。

　だけど私は、友人たちと島へのサウナ旅行や貸し庭園に出かける。

　浜辺や庭園でカエデの葉のオレンジ、白樺の葉の黄色に変わりゆく紅葉を楽しむ。晩秋になると木々の色彩は薄れ、灰色の季節になる 11 月は、まるでスモークサウナの黒い暗闇の中にいるような気分にさせられる。

　秋の小旅行では、いつも私はフィンランド南部の素敵なサウナを訪れることにしている。

Etelä-Suomi

Mikkeli
52

Tampere

Turku   49 Paimio
50
46   Vantaa
51   48 Sipoo
orvoo   Lohja   40 53
47   Espoo 44 45 54 39 43
Kemiö   Kirkkon   42
                               38

38. ラハテーラン・サウナ、ポルッカラ、キルッコヌンミ
Lähteelän sauna, Porkkala, Kirkkonummi

39. ポリーシエン・サウナ、ラウッタサーリ、ヘルシンキ
Poliisien sauna, Lauttasaari, Helsinki

40. タリン シールトラプータルハン・サウナ、ヘルシンキ
Talin siirtolapuutarhan sauna, Helsinki

41. ブンッケリサウナ、クニンカーンサーリ、ヘルシンキ
Bunkkerisauna, Kuninkaansaari, Helsinki

42. ランタサウナ、グランホルメン、シポー
Rantasauna, Granholmen, Sipoo

43. カッリオラン ケサコディン ランタサウナ、ラーヤサロ、ヘルシンキ
Kalliolan kesäkodin rantasauna, Laajasalo, Helsinki

44. モッキサウナ、ロホヤ
Mökkisauna, Lohja

45. ヴィットルピン・サウナ、キルコヌンミ
Hvittorpin sauna, Kirkkonummi

46. ヘッランクッカロ、ルマットゥラ
Herrankukkaro, Rymättylä

47. ストルフィンホヴァ、ケミョンサーリ
Storfinnhova, Kemiönsaari

48. クーシヤルヴィ、ヴァンター
Kuusijärvi, Vantaa

49. ピハサウナ、パイミオ
Pihasauna, Paimio

50. フォーラム・サウナ、トゥルク
Forum Sauna, Turku

51. ピハサウナ、コルポー
Pihasauna, Korppoo

52. モッキサウナ、ミッケリ
Mökkisauna, Mikkeli

53. シポーンヨエン・ペリンネサウナ、シポー
Sipoonjoen perinnesauna, Sipoo

54. コンッティサウナ、マティンキュラ、エスポー
Konttisauna, Matinkylä, Espoo

38. ラハテーラン・サウナ、ポルッカラ、キルッコヌンミ
Lähteelän sauna, Porkkala, Kirkkonummi

夏のヨットセーリングが終わって、ヘルシンキに戻るとき、最後の寄港地はポルッカラに
なることが多い。そこには薪で温めるサウナがある。
疲れた身体をロウリュがほぐしてくれる。

39. ポリーシエン・サウナ、ラウッタサーリ、ヘルシンキ
Poliisien sauna, Lauttasaari, Helsinki
※「Poliisien sauna」は「警察官用のサウナ」の意味

空に星があるように、海にはたくさんのクラゲがいる。
8月の最後の週末を祝いに私たちはサウナに来た。
ラウッタサーリにある警察官用の大きな薪サウナは、男性用の大きなサウナと女性用
の小さなサウナに分かれている。女性用のサウナのほうが、良いロウリュが出ると言わ
れている。
スイミング・デッキからは水平線に浮かぶ船が見える。

40. タリン シールトラプータルハン・サウナ、ヘルシンキ
Talin siirtolapuutarhan sauna, Helsinki
※「Talin siirtolapuutarhan sauna」は「タリの貸し庭園」の意味

貸し庭園にあるサウナを想像してみてほしい。

9月の暖かい日、太陽の光のもとヒマワリは今にも眠りにつきそうで、その脇に蔦が広がっている。たわわになったリンゴは歩道に落ちる。くすんだサウナの壁に野ブドウの蔦が絡まり、煙突からは煙が立ちこめている。

夏の長い休暇の後、友人とサウナベンチに集い、お互いの近況報告をし合う。

時には静かに横になって、ただ「ああ」とため息をつく！

41. ブンッケリサウナ、クニンカーンサーリ、ヘルシンキ
    Bunkkerisauna, Kuninkaansaari, Helsinki

友人たちが、新鮮なベリーが入った箱を持って、島にやって来た。
サウナストーブの下の薪に火をつけ、井戸から水を運ぶ。
小さなサウナはすぐに温まる。
サウナの前の小さなテラスは涼しい緑に包まれている。
サウナに数時間入っていると、なんだか遠くまで旅してきたような気分になる。

42. ランタサウナ、グランホルメン、シポー
Rantasauna, Granholmen, Sipoo
※「Rantasauna」は「ビーチサウナ」の意味

サウナは外海に面している。
波が海岸に打ち寄せ、カモメが空中で叫ぶ。
小さな窓から見える海と岩、荒々しい風景の絵を描くこともできたのだけど、サウナの中
心である熱いサウナストーブと、ベンチでそっと寄り添う友人たちを描いた。

43. カッリオラン ケサコディン ランタサウナ、ラーヤサロ、ヘルシンキ
Kalliolan kesäkodin rantasauna, Laajasalo, Helsinki
※「Kalliolan kesäkodin rantasauna」は「カリオのサマーハウスサウナ」の意味

女同士でサウナに入ると、人生が明るく弾む。
秋は浜辺の木々を紅く染め、海水はスパークリングワインを冷やしている。

44. モッキサウナ、ロホヤ
 Mökkisauna, Lohja
 ※「Mökkisauna」は「コテージサウナ」の意味

友だちからのコテージサウナへの招待は、いつ貰っても嬉しい贈り物だ。
太陽がサウナストーブを照らす中、私たちゲストは一番にサウナに入らせてもらった。

45. ヴィットルピン・サウナ、キルコヌンミ
   Hvittorpin sauna, Kirkkonummi

秋の風はひどく冷たい。
サウナの熱気で身体を温めなければ、泳ぎに行くには寒すぎる。

46. ヘッランクッカロ、ルマットゥラ
    Herrankukkaro, Rymättylä

さて、ここではとっておきのサウナが登場する。
このサウナは、地中に造られた世界最大のサウナ。
ヘッランクッカロのスモークサウナは、巨大な暗い洞窟の中にサウナベンチが何段も敷き
詰められている。
私はサウナベンチの上に横たわり、宇宙のように真っ黒な天井を見上げる。

47. ストルフィンホヴァ、ケミョンサーリ
Storfinnhova, Kemiönsaari

ストルフィンホヴァにある森の中のスモークサウナは、一般にも開放されている。
サウナストーブが小さな滝の水を温め、柔らかなロウリュがシューッと音を立てている。
暗闇にあるキャンドルが、ロマンチックな雰囲気を演出する。
外では、氷の張った小川で水浴びをしたり、木立の中に建てられた小屋で夜を過ごしたり
することもできる。
ここは、私が知っている中で最も素晴らしいサウナのひとつだ。

48. クーシヤルヴィ、ヴァンター
   Kuusijärvi, Vantaa

ヘルシンキ周辺でスモークサウナに行きたいなら、バスでクーシヤルヴィまで行くべきだ。
クーシヤルヴィ湖のスモークサウナは、広くて煤だらけだけど、ここには世界中から人が
集まってくる。
小さな湖はサウナ後に泳ぐのにちょうど良い。

49. ピハサウナ、パイミオ
　　Pihasauna, Paimio
　　※「Pihasauna」は「庭のサウナ」の意味

このサウナは80年前に建てられたもので、当時の姿のまま残っている。
身体を洗うためのお湯は、レンガ造りの石窯で温められる。
小さな窓からは、ほとんど光が入らない。
サウナストーブは頑丈に造られている。
質の良いロウリュに加えて、このサウナでは様々なストーリー、それから自家製のベリー
ジュースも提供されている。

50. フォーラム・サウナ、トゥルク
Forum Sauna, Turku

フォーラム・サウナは、トゥルクに昔からあるエステサウナ。
今日は、男性側では背中を流してマッサージするサービスがあり、女性側はフェイスマスクの日。このマスクに使う緑色の粘土は肌に良いそうだ。

51. ピハサウナ、コルポー
Pihasauna, Korppoo
※「Pihasauna」は「庭のサウナ」の意味

11月になると秋は闇へと変わり、暗い冬の足音が聞こえてくる。
キャンドルが窓を照らし、大釜からは蒸気が立っている。
サウナには最初に女性が入り、それから男性が入ることにした。

52. モッキサウナ、ミッケリ
Mökkisauna, Mikkeli
※「Mökkisauna」は「コテージサウナ」の意味

周囲の森は暗くなった。
サウナに吊るしたランタンの灯りが、心地いい。

53. シボーンヨエン・ペリンネサウナ、シボー
Sipoonjoen perinnesauna, Sipoo
※「Sipoonjoen perinnesauna」は「シボー川沿いの伝統的なサウナ」の意味

大きなモミの木の下にあるサウナ。なんて素敵なサウナなんだろう。
友だちがまた集まってきた。
サウナに入り、浴槽に浸かり、人生の大事なことについて語り合う。

54. コンッティサウナ、マティンキュラ、エスポー
   Konttisauna, Matinkylä, Espoo
   ※「Konttisauna」は「コンテナ型サウナ」の意味

晩秋になると、日はどんどん短くなり、年によっては雪も降り、浜辺は凍結する。
サウナの窓越しに見える、目の前の桟橋も雪に覆われる。
そんなときには、ちょっと冷たいけれど、桟橋まで裸足で行くのが一番早い。
桟橋から静かに海に入ると、冷たい水が心地よい。

タンペレの冬

　タンペレは世界のサウナ首都。

　この街は 2 つの大きな湖の間に位置しており、街の中心部にはナシ湖からピュハ湖に流れ込む急流がある。
　冬になり湖が凍るときでも、急流は凍らずに流れ続ける。
　街の公衆サウナからは、この急流に入ることができる。
　また、タンペレの多くの公衆サウナの近くには湖も多いので、サウナの後には冬でも湖で泳ぐことができる。

　私は毎年冬になるとタンペレにサウナ旅行に出かける。
　冬でもサウナは熱く、雪景色は美しい。

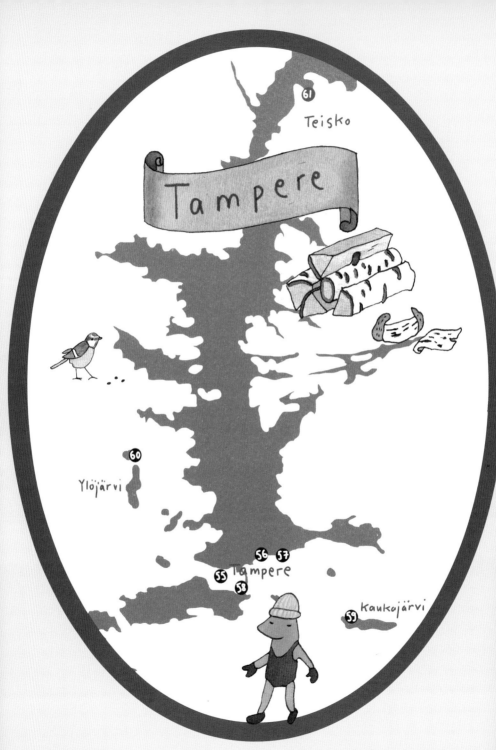

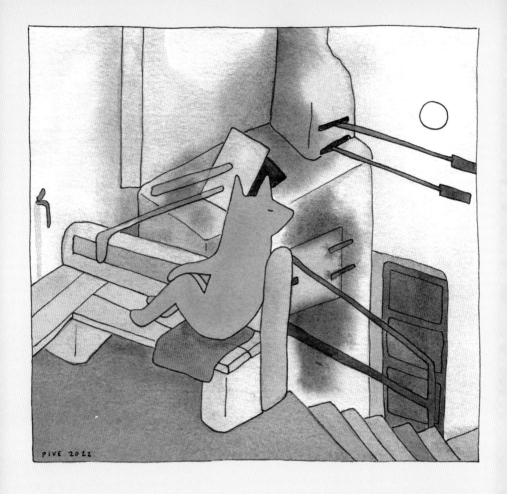

55. ラヤポルティン・サウナ、ピスパラ
   Rajaportin sauna, Pispala
   ※ Rajaportin sauna はフィンランド最古の公衆サウナ

タンペレには長いサウナの伝統があって、世界サウナ首都に指定されている。そして、世界中のサウナ愛好家が最初に向かうのは、ピスパラにあるラヤポルティン・サウナ。
ラヤポルティン・サウナは古くて美しい。
サウナの階下には洗い場があり、サウナの中ではヒーターの真ん中が壁で仕切られ、男女に分かれている。男性側でロウリュを投げると、サウナストーブがシューッと音を立てて女性側にも熱が伝わる。

56. ラウハニエメン カンサンキュルプラ
    Rauhaniemen kansankylpylä
    ※「Rauhaniemen kansankylpylä」は「ラウハニエミの公衆浴場」の意味

よく晴れた冬の日。
いつも変わらずサウナは熱く、ナシ湖には厚い氷が張っている。
人々はサウナの壁沿いにある日当たりの良いベンチに集まっている。
シュッ、シュッと音を立ててサウナ後のビールの栓が開けられる。

57. カウピノヤン・サウナ
Kaupinojan sauna

カウピノヤン・サウナがある場所は、伝統的な冬のスイミングスポット。1960年代から使われている。サウナは広く、常に人が出入りしている。
ここでは入口にある薄い木材で作られたペフレット（シートカバー）を使うといい。
ペフレットは本来、衛生的にベンチを使うためのものだけれど、このサウナではこれがないとベンチがとても熱くて座れない。

サウナの外に出たら、身体から湯気が立ち上がる。出てくる人はみんな、身体から蒸気を上げている。熱い身体で湖に入るので湖からも蒸気が上がる。

サウナの後、湖に浸かり、その長い階段を上って戻ってくると、私自身からも小さな湯気が立ちのぼるのが見える。

タンペレでは、サウナの後にソーセージを食べる習慣がある。

鉄板で焼いているソーセージを直接とって食べると、熱くて、塩辛くて、おいしい。

58. クーマ
Kuuma
※「Kuuma」は「熱い」という意味のサウナレストランの名前

タンペレ中心部にあるクーマ・サウナレストランは、リラックスした時間を約束してくれる。
サウナではそれぞれのベンチでくつろぐ。
あまりにリラックスしすぎて、次に立ち上がってサウナストーブにロウリュを投げるのは
どっちだろう、などと考える。

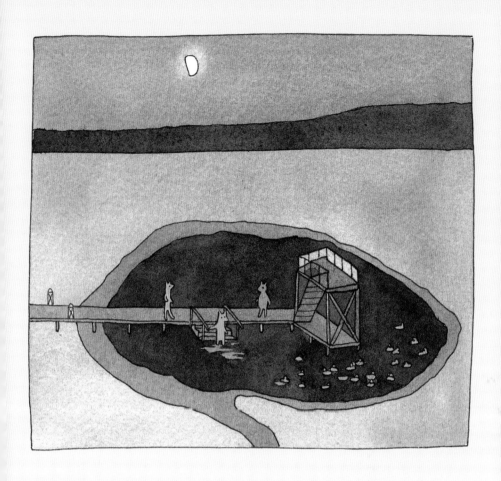

59. カウカヤルヴェン・サウナ
Kaukajärven sauna

湖や海の氷に開けた穴のことをアヴァントという。このアヴァントは、カモもサウナの客
も入れるくらい大きい。そして、湖の上に広がる空は大きくて広い。
サウナで合図のように誰かがロウリュを投げると、いよいよ水に入る心づもりができる。
サウナや寒中水泳は健康に良いと言われている。睡眠の質が向上し、免疫力が高まるのだ
そうだ。

60. ヴェイッティヤルヴィ、ウロヤルヴィ
   Veittijärvi, Ylöjärvi

敬虔なサウナ愛好家たちがサウナヒーターの周りに集まっている。
魔法の蒸気の輪の中に座って、熱気を浴びよう。そうすれば、身体が温まって世
界一美しいアヴァントに喜んで飛び込むことができる。

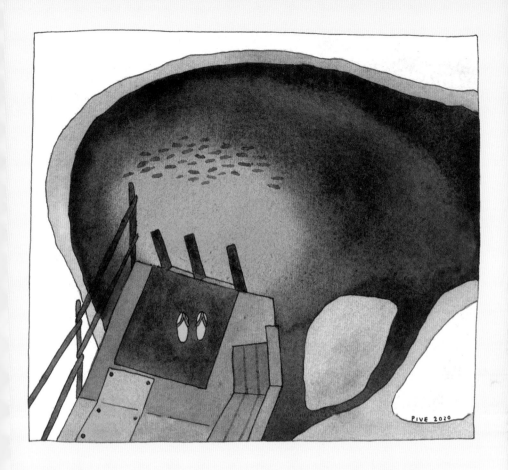

湖に開けられた大きな穴。小さなランプの光が水面を照らす。
私はその穴から水に入り、水中へともぐっていく。
ランプの光に寄ってきた魚たちは、私が泳ぐとすぐに怖がって逃げていく。
水は氷のように冷たいけれど、とても美しい。

61. ニエミカペー、テイスコ
Niemikapee, Teisko

昔ながらの雰囲気あるスモークサウナに入れるのは、幸運なこと。
遠い過去の世界に足を踏み入れたような気分になる。
サウナを共にしている人々から、満足げな「アァ」というため息や、熱そうな「ハァ」と
いう声が聞こえてくる。

クリスマスのサウナ

クリスマス・イブに入るサウナは、クリスマス・サウナと呼ばれる。

フィンランド人はクリスマスを家で家族と過ごすのが普通なので、クリスマスにはフィンランド中で何百万個もの家庭用サウナが一斉に温まる。

普段サウナに入るのは夕方だけど、クリスマス・サウナには午後の早い時間から入る。

サウナでは身体を清め、この後のクリスマス・パーティーに備える。キャンドルを灯し、サウナベンチの上には清潔なリネンのシートカバーを敷く。とても神聖な雰囲気だ。

これでようやく、慌ただしいクリスマスの準備も一区切り。

クリスマスに浴びるロウリュには特別な神聖さがある。

サウナの最後のロウリュは、サウナに住んでいる妖精、サウナ・トントゥに捧げる。

クリスマスのサウナは儀式だ。
日々の雑念を払って身を清め、祝宴に備える時間なのだ。
それから誰かの背中を洗うことは愛情の表現でもある。

フィンランドのクリスマスは、トウヒ、シナモン、クローブ、オレンジ、アニス、ジンジャーの香りがする。どれもクリスマス・サウナの足湯にぴったりだ。

洗面器に、トウヒ、スパイス、スライスしたオレンジ、そして粗塩も入れて、1リットルの熱湯を注ぐ。しばらく蒸らした後、適温のお湯を足し、足湯にする。

サウナベンチに座って、心地よいと感じられる時間だけ、洗面器の湯に足を浸し、穏やかな熱さに包まれたひと時を過ごす。

アゾレス諸島テルセイラ島（ポルトガル）

サウナはフィンランド人にとって神聖な場所

フィンランドに最初の住民がやって来たのは、今から約1万年前のこと。寒いフィンランドに定住した人々は、誰もが暖をとりたいと考えた。

最初、彼らは地面に穴を掘り、穴の底に山になるように石を積み、その石の周りに火をつけた。そして、石が熱くなると、木の枝と斧を使って穴の上に屋根を作った。次第に、このような暖をとる場所をサウナと呼ぶようになり、その後、サウナという言葉は世界中に広まった。また、ここで熱くなった石に水をかけてみると蒸気が出た。これがロウリュの始まりとも言われている。

穴の上に屋根を作っただけの建物だったサウナは、次第に小さな木造の小屋へと進化していった。人々は新しい土地に移り住むと、まずサウナを作り、次に家を建てた。昔は、週に1度サウナに入った。子どもを産むのもサウナだったし、亡くなった人を埋葬の前に洗う場所もサウナだった。

現在、フィンランドには約200万のサウナがあると言われている。フィンランドの人口は約550万人しかいないので、サウナがどれほど多くのフィンランド人にとって身近なものかわかってもらえると思う。

フィンランド人にとってサウナに行くことはあまりにも当たり前のことで、その重要性について考えたこともない。けれど、よく考えてみると、フィンランド人にとってサウナは神聖なもので、心を落ち着かせ、身を清めるために行く神殿のような存在である。

白樺

白樺は、サウナ部屋やサウナ小屋を作るための資材としてよく使われる木材である。初夏になると、白樺の枝葉はサウナの中で使うヴィヒタを作るのに使われる。ヴィヒタは、新鮮な白樺の枝を結って、その枝に付いている白樺の緑の葉っぱを集めて作る。

サウナの中では、ヴィヒタをお湯に浸して柔らかくする。そうするとサウナ全体が白樺の香りに包まれ、とても癒される。ちょっとした自然のマッサージみたいにリラックスした気分にしてくれる。サウナの温かい空気は身体の緊張をほぐし、ヴィヒタで背中をやさしくなでると、ヴィヒタについた温かい水が、さらに筋肉を柔らかくしてくれる感じがする。

また、白樺の葉には身体の中の炎症を和らげ治してくれる効果があると言われている（この辺は、専門家に確かめてほしい）。

フィンランドは白樺の木が豊富で、サウナを温める薪としても使われる。また、油分を含んだ白樺の樹皮は、サウナストーブに火を灯すライターの代わりにもなる。サウナの脱衣所には、白樺のベンチや樹皮でできたかごが置かれている。

白樺とサウナは、フィンランドの象徴として考えられている。

ヘルシンキの春

アーキペラゴ（群島）の夏

秋のサウナ旅行（フィンランド南部）

タンペレの冬

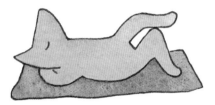

ピヴェ・トイヴォネン（Pive Toivonen）

1976 年生まれ。ヘルシンキを拠点に活動するヴィジュアルアーティスト。
2002 年にヘルシンキ芸術デザイン大学（現アアルト大学）を卒業。絵画、イラストレーション、美術教育などの分野で活動している。
自然環境への興味を反映させた、サイトスペシフィックな側面を持つ水彩画が高い評価を得ている。
フィンランドで数多くの展覧会を開催するほか、書籍のイラストや病院、学校内のパブリックアートも手掛けている。

ピヴェ・トイヴォネンの公式情報 QR コード

カバーデザイン　　森 裕昌（森デザイン室）
本文デザイン　　　森デザイン室
Special Thanks　　今泉幸子、小菅祥之、今井信子、芹澤 桂

アートで楽しむサウナぎつねのフィンランド巡り

2023 年 12 月 14 日　　第 1 刷発行

著　者　　ピヴェ・トイヴォネン
（文・絵）
発行者　　林　定昭
発行所　　アルソス株式会社
　　　　　〒 203-0013
　　　　　東京都東久留米市新川町 2-8-16
　　　　　電話　042-420-5812（代表）
印刷所　　株式会社 光邦

©Pive Toivonen 2023, Printed in Japan
ISBN 978-4-910512-09-9 C0098